APPEL

AUX ARTISTES

Par J^h. BREMOND (de Guérin).

Ayez la foi , et vous transporterez les montagnes.
(Jésus-Christ.)

Prix : 60 cent.

PARIS

CHEZ L'AUTEUR, RUE DE LA VICTOIRE , 46 ,
ET CHEZ LES PRINCIPAUX LIBRAIRES.

1850

APPEL AUX ARTISTES.

———

> Ayez la foi, et vous transporterez les montagnes.
> *(Jésus-Christ.)*

A la vue des misères profondes que la société du privilége nous lègue, en expirant dans les linceuls de la décrépitude, le courage de l'homme d'avenir succomberait sous le poids de l'amertume, s'il ne voyait apparaître les germes de la régénération sociale, l'aurore des jours de justice, l'horizon d'un monde nouveau, du monde de l'harmonie.

Déjà le soleil de l'intelligence s'est levé sur les peuples ; déjà l'éclat de ses rayons bienfaisants a fait descendre la lumière de la vérité jusqu'aux plus bas degrés de l'échelle sociale ; le voile qui dérobait aux yeux de la multitude les honteux mystères du culte du veau d'or, va se déchirant chaque jour de plus en plus, et, bientôt, nouveau Moïse, le peuple désabusé brisera l'idole, de ses propres mains. Plus son règne aura été long, plus soudaine sera sa chûte, plus lamentable, le désespoir de ses courtisans.

Oppresseurs de tous les régimes, vous qui, dans votre orgueilleuse oisiveté, faites de la pensée un privilége, du produit du travail des faibles, un objet de conquête, et de la richesse, un monopole, l'ignorance du peuple avait élevé le piédestal de votre grandeur et creusé l'abîme de sa misère ; mais le jour approche où son intelligence comblera l'abîme, en démolissant le piédestal.

La liberté alors, affranchie des entraves de l'oisiveté parasite et spoliatrice, se fondera à jamais sur les bases de l'association des travailleurs de toutes les professions utiles, et fera le tour du monde, inaugurant, parmi les peuples régénérés, le règne de la fraternité universelle.

C'est dans ce moment suprême, unique peut-être dans l'histoire d'un peuple, que les hommes de foi et d'intelligence doivent redoubler de zèle et de courage, et s'unir dans un saint amour de l'humanité, pour donner une vigoureuse et salutaire impulsion au mouvement instinctif qui semble pousser tous les peuples de l'Europe vers cet Eden nouveau dont leur intelligence a déjà entrevu de loin les richesses et l'harmonie et dont le renversement de l'ordre ancien fera bientôt une sublime réalité.

Jusqu'à ce jour, les Artistes, planant dans la sphère de l'idéalité, n'ont été que comme des jalons, plantés sur la route de cette terre promise vers laquelle l'humanité aspire depuis le commencement du monde. Mais aujourd'hui, que la société se débat si péniblement dans l'espèce de chaos qui forme la transition nécessaire entre la vieille société qui se dissout et la nouvelle qui se fonde, il est temps qu'ils descendent à leur tour dans l'arène, qu'ils se groupent, s'associent fraternellement, pour, d'un main, combattre les égoïstes partisans de la misère et, de l'autre, apporter en commun leur pierre au nouvel édifice qui s'élève sur les bases de la justice, de l'unité et de la fraternité universelle des peuples. Dans ce travail gigantesque de la régénération humaine, il y a place pour tous : aux hommes positifs, l'organisation matérielle, aux philosophes l'organisation de la pensée, aux publicistes les discussions politiques, aux Artistes l'embellissement du globe et le charme des réunions fraternelles et des fêtes nationales.

Mais, nous dit-on, que peuvent faire les Artistes, au milieu d'une société indifférente et apathique, sans croyance, sans aspirations élevées, livrée à l'individualisme par la compression des idées généreuses, et à la misère qu'engendre la guerre incessante des intérêts égoïstes ? Rien, si ce n'est prendre une giberne, un sabre et un fusil, et monter perpétuellement la garde autour des maisons et des boutiques. L'Art agonise, dites-vous, il n'y a plus ni cathédrales, ni abbayes, ni palais, ni châteaux à construire, à orner de statues et

de tableaux, à décorer de sculptures et de fresques ; plus de toiles
à couvrir, plus de marbres à tailler, de jardins ni de parcs à embellir. Le pan de bois , le carton-pierre, le plâtre et le papier peint
ont tout envahi. Dans cette société en décadence, l'élément artistique est épuisé, l'Art n'a plus d'essor ; le financier exploite, le bourgeois lésine, le marchand trafique et l'épicier, fidèle à la maxime
de Praxitèle, *ne sutor ultrà crepidam*, n'élève jamais ses goûts jusqu'à ces régions inconnues pour lui. C'est à peine si l'on peut citer
deux à trois grands seigneurs ayant des murailles à peindre, des
piédestaux à orner , et vingt parvenus ayant un espace de quelques mètres à couvrir de peintures, entre les buffets d'une salle à
manger et les glaces d'un salon. A part ces rares exceptions, que
peut en effet l'Artiste, vivant au milieu d'un monde ainsi composé ?
Végéter, s'étioler, se décourager. Tel est, en général, le sort de ces
hommes à organisation puissante ; ils courbent leur noble front sous
la pression d'une société crétinisée, qui rapetisse tout à sa taille ; la
science elle-même va déclinant ; seul, le commerce, ce grand parasite social, germe et fleurit dans toutes les fissures de la civilisation
en ruines, et l'on fait des efforts inouïs pour prolonger de quelques
heures l'existence de ce corps sans sève et privé de tous sentiments généreux. Quand un arbre est mort, on l'arrache et on en
plante un autre, si l'on vent continuer à avoir de l'ombrage et des
fruits ; de même, si la forme sociale actuelle est usée et ne produit
plus rien de grand, il faut en activer la transformation, en préparant la voie à l'ère nouvelle.

L'Art est mort, dit l'homme blasé, qui n'est plus capable d'en
ressentir le feu sacré. Oui, l'Art est mort pour lui, comme l'amour est mort pour ces spectres vivants, courbés sous le poids
de la débauche et de la caducité ; mais s'ensuit-il que l'amour, cette
sublime émanation de la divinité, n'existe pas toujours, ardent et vivace, au sein des jeunes cœurs et de ces âmes d'élite qu'élèvent les
aspirations de l'éternelle félicité ? Mais non, l'Art n'est pas mort,
nous en prenons à témoin ces étincelles qui parviennent, de temps à
autre, à se dégager du sein de l'engourdissement général ; elles annoncent, soyez-en persuadés, une éruption prochaine de toutes ces
intelligences qui fermentent au fond du bourbier social. L'Art, cet

intermédiaire admirable entre le monde matériel et le monde intellectuel, a encore bien du chemin à faire avant de mourir, si toutefois il meurt jamais : car il est loin encore d'avoir atteint son apogée. Ses mystères sont infinis, comme ses merveilles, et le génie de l'homme n'a pas soulevé encore tous les voiles qui les recouvrent ; le sanctuaire du temple des arts a été jusqu'à ce jour inaccessible aux Artistes, et nos plus grands maîtres eux-mêmes n'ont pu en franchir le seuil. Cherchez autour de vous les éléments variés de l'Art en enfantement ; mais gardez-vous de croire que les siècles passés aient produit les formes définitives de l'idéal auquel il est possible d'atteindre. L'œuvre n'est donc pas accomplie, et, lorsque vous comprendrez tout ce qu'il y a de religieux et de sublime dans ce raffinement des facultés physiques et intellectuelles qui seul peut nous mettre en communion avec la nature, avec nos semblables, avec Dieu, alors vous aurez autre chose à faire qu'à glaner sur les vieilles toiles, sur les vieux marbres ou dans les vieux bouquins ; et, lorsque, pleins de courage, de confiance et de foi en l'avenir, vous reprendrez votre élan ascensionnel dans la haute sphère des harmonies de la création, vous laisserez bien loin les Raphaël, les Michel-Ange, les Puget, les Bramante, les Mozart, les Rossini et tout le brillant cortége des illustrations du passé : car vous aurez devant vous des mondes à découvrir, dont nul n'a encore entrevu la route mystérieuse.

A l'œuvre donc, Artistes, sortez de l'ornière, secouez la poussière de cette civilisation mesquine et rétrograde ; et de la hardiesse de vos nouvelles conceptions naîtront des merveilles qui étonneront le monde. Peuple hardi et brillant, hommes d'imagination, de cœur et de poésie, organisez donc vos nobles phalanges, et, nouveaux croisés, allez dans les régions du monde régénéré rendre à sa dignité le sacerdoce de l'Art, dont vous êtes les prêtres. Formez, non pas une concentration étroite, mais une fusion harmonique et puissante de tous les éléments artistiques, scientifiques, industriels; car l'isolement, c'est l'inertie de toutes les facultés humaines. Ce sera une association intégrale de tous les talents, de tous les essors généreux, ce sera un ralliement universel.

Par l'impulsion de vos associations artistiques et fraternelles, vous enfanterez des miracles de dévouement et de courage , vous ferez marcher hardiment la société dans les voies de l'avenir, et vous imprimerez à votre époque le cachet de la régénération universelle, qui sera celui des harmonies de la terre et du ciel.

Le paganisme a eu ses dieux, ses temples, ses cirques, ses statues, ses pyramides ; le christianisme, ses cathédrales , ses flèches , ses vitraux , ses basiliques, ses autels. Et tout cela était splendide , grandiose ; c'étaient des temples construits de marbre et de granit, ornés d'atriums et de superbes colonnades , enrichis de sculptures, qui ont passé à la postérité ; c'étaient des cirques, où trônait un peuple de statues, et où plus de trois cents mille spectateurs pouvaient admirer à l'aise les fêtes, les jeux et les spectacles de ces époques de barbarie, fêtes pourtant bien plus imposantes que les feux d'artifice de la barrière du Trône , l'illumination des Champs-Élysées et les mesquines représentations de nos théâtres, qui sont de véritables boudoirs à compartiments, construits pour quelques familles privilégiées, qui, chaque soir , ont l'avantage de s'enrhumer ou de se courbaturer entre deux planches, pour peu qu'elles tiennent à ne rien perdre de la pièce.

Et ces immenses cathédrales, surchargées, depuis la base de leurs portes ogivales jusqu'au sommet de leurs flèches aériennes, de dentelles et de broderies sculptées dans la pierre, ces cathédrales, où chaque moëllon était frappé de l'empreinte de l'Art, où les vitraux, les arceaux, les colonnes et les murs étaient relevés , à l'intérieur et à l'extérieur, par les couleurs les plus vives , les peintures les plus variées ; et ces basiliques romaines , ces édifices majestueux, ces monuments gigantesques, ruisselant d'or, couverts des marbres les plus riches et les plus éclatants, ornés des plus belles sculptures , de mosaïques du travail le plus admirable , des plus magnifiques peintures, en un mot, des richesses artistiques de tous les pays du monde , c'est-à-dire de tout ce que la nature et le génie ont pu y attacher de splendeur, depuis leurs dalles jusqu'à la voûte de leurs coupoles suspendues dans les airs : voilà, Artistes, ce que le seul principe d'union a su faire jaillir de la barbarie , ce que l'idée religieuse a eu la puissance de créer, au sein d'une civilisation affamée.

Tout cela était beau, riche et grand; et il y avait assurément de quoi exalter plus d'une imagination d'artiste; et pourtant tous ces chefs-d'œuvre, que nous admirons encore aujourd'hui à juste titre, ont été enfantés à des époques relativement inférieures à la nôtre et exécutés au milieu de bien plus grandes difficultés qu'on en aurait de nos jours, avec l'auxiliaire des progrès de la science et de l'industrie.

Si toutes ces choses ont été produites au sein de la misère et des discordes humaines, au milieu du chaos social, qu'on juge des merveilles qui sortiront de la création d'un ordre supérieur, d'un monde d'harmonie. L'esprit humain en sera frappé d'étonnement, et, quelque grandioses que soient les produits de votre imagination, la logique des temps nouveaux concevra encore la possibilité de les dépasser; et vous ne trouverez ni assez de formes, ni assez de couleurs, pour vous représenter l'avenir resplendissant du globe transfiguré.

Tous ces grands blocs de forme carrée, qu'on appelle maisons, type lourd et vulgaire, dans lequel le génie de l'Art emprisonné ne saurait manifester ni son originalité, ni sa grandeur, ces petites chambrettes de plus en plus resserrées, ces cabinets et ces boudoirs volés sur les recoins des angles perdus, ces casiers superposés, où l'on emboîte l'homme, comme dans une cellule, où l'habitation humaine est rétrécie jusqu'à la limite de l'étouffement physique et de l'abrutissement moral; toutes ces campagnes en désordre, ces demeures sales, étroites et enfumées, où s'étiole et se crétinise la famille du pauvre, toutes ces habitations mesquines ou crevassées, privées d'air, d'eau, de feu et de lumière, feront place à des constructions supérieures, qui laisseront bien loin derrière elles les palais et les hôtels de nos princes et seigneurs d'aujourd'hui, avec leurs boyaux de rues fangeuses et noires.

Les riches campagnes, ornées de castels, de kiosques et de belvédères, la commune transformée en phalange et le village de chaume, en superbe palais, les grandes villes monumentales et la capitale du globe : voilà de l'air et de l'espace pour les imaginations les plus vastes, des sphères nouvelles vers lesquelles vous pourrez vous élancer, lorsque vous serez débarrassés des étreintes de la misère e du crétinisme bourgeois et financier de notre époque, où l'âme humaine, au milieu des subversions et des souffrances universelles, s'ouvre comme à regret aux impressions heureuses.

Il faudra des temples, des coupoles, des tours et des flèches élancées, des cirques et des théâtres, en rapport avec la foi nouvelle, avec le développement des intelligences et des besoins sociaux. Il faudra des voûtes hardies, jetées sur des murs de marbre. Il faudra transporter à toutes les parties de l'habitation humaine, à toutes les conditions de la vie, le mode de construction monumentale. Il faut en arriver à loger, non plus quelques privilégiés, mais tous les hommes, dans des palais. Et à ces palais, dignes du roi de la création, il faudra des portes grandioses, des cours spacieuses, des péristyles, des salles vastes et bien éclairées, de grands escaliers, de larges fenêtres, par où le soleil verse à flots la vie et la couleur ; il faudra des coupoles, des galeries et des terrasses, des tableaux, des fresques, des sculptures, des statues, des fontaines jaillissantes dans les jardins, des cascades dans les bosquets, des décorations et des embellissements partout ; il faudra, en un mot, harmoniser tous les éléments : l'eau, le feu, la lumière, le marbre, le granit, le fer, le bronze et les métaux ; ce sera un nouveau monde, une nouvelle création.

Puis, toutes les merveilles de la musique et de la poésie viendront animer ces monuments, augmenter la splendeur de ces chefs-d'œuvre et compléter la magnificence des jours de fêtes, en faisant tressaillir toute la nature par l'union de toutes les harmonies. Des chœurs à mille voix, soutenus par d'immenses orchestres, chanteront des hymnes et des poèmes, tandis que des populations heureuses et sympathiques se livreront joyeusement aux exercices de chorégraphie. Ce ne sera plus une troupe de baladins, montant sur des planches, le sourire sur les lèvres et la douleur au fond de l'âme. La population entière s'élèvera, par une éducation nouvelle et attrayante, dans ces nobles régions de l'Art, et, si tout le monde n'est pas poète ou compositeur, tous du moins sauront comprendre et encourager de leur sympathie les sublimes efforts du génie. Car les Artistes ont cela de commun avec la femme, cette poésie vivante de la nature ; ils ont besoin d'être aimés et encouragés, pour créer des chefs-d'œuvre. C'est de l'amour, c'est de cette pure émanation de la divinité, que jaillit le feu sacré, l'inspiration féconde, qui enfante le succès, et c'est à l'amour que la plupart de nos poètes, de nos Artistes, de nos hommes de génie les plus éminents et les plus justement honorés, ont dû la meilleure part de leur gloire.

Au milieu de toutes ces richesses artistiques, que l'on se figure la splendeur des fêtes, des banquets, des bals, des spectacles et de toutes les réjouissances humaines, dans ces vastes salles resplendissantes d'or et de lumière, parées de fleurs embaumées, ornées de toutes les magnificences de l'Art et de la nature, et animées par de nombreuses et joyeuses guirlandes de femmes et d'enfants. Non, notre plume ne trouve pas d'expression pour dépeindre ces sublimes féeries.

Mais, hélas! nous oublions que ces paroles sont jetées à un monde de douleur et de misère, à des cœurs étiolés par des souffrances séculaires, à des âmes affaiblies, découragées par de constantes déceptions. Les sources des grandes espérances sont taries. Le mal s'est infiltré jusqu'à la moëlle des os; il a rongé jusqu'au désir.

Mais vous, Artistes, qui avez conservé au cœur le feu sacré des éternelles aspirations, descendez de votre sphère d'idéalité, venez travailler à la réalisation de vos rêves d'avenir, et débarrassez-vous des étreintes de l'égoïsme du vieux monde. Ayez foi en votre impulsion généreuse, au génie de l'humanité plutôt qu'aux paroles des prophètes de malheur. L'Art, qu'ils vous disent mort et enterré, a encore à grandir de bien des coudées, avant d'arriver à son apogée de gloire, auquel il n'atteindra que lorsque l'humanité aura atteint à son apogée de bonheur. L'avenir est ouvert, immense, et l'homme est tout puissant. Les admirateurs de l'étroit, du pauvre et du mesquin ne puisent pas leurs inspirations aux sources vives de l'intelligence humaine, et ce ne sont pas eux qu'il faut écouter.

Réveillez-vous donc, Artistes, âmes généreuses et grandes, et jetez aux orties la vieille défroque d'une société paralytique; elle ne va plus à votre taille, et vous devez marcher, en éclaireurs, vers cette étape grandiose que l'humanité s'apprête à franchir au dix-neuvième siècle. Commencez par allumer le phare gigantesque des régions de l'avenir, et, en marchant à pas de géant vers la terre du bonheur et de la régénération, vous préserverez la société, qui se décompose, de bien des douleurs et des catastrophes. Ayez plus de confiance en vous-mêmes, plus d'ambition, plus de généreux orgueil. Et, quand vibrera la plus noble fibre de votre âme, n'oubliez pas que cette étincelle électrique doit porter la vie jusqu'aux extrémités du globe, et que vos chants de triomphe, s'élevant jusqu'aux voûtes éternelles, doivent réconcilier le ciel avec la terre.

Rappelez-vous que la *Marseillaise* et le *Chant du Départ* ont gagné plus de victoires et fait plus de conquêtes que le canon et la mitraille, et que souvent le génie de nos généraux les plus célèbres aurait été impuissant, sans cet auxiliaire, magique au milieu des combats et des champs de bataille. Remontez donc cette lyre orphéonique, symbole de la puissance qui enfante des miracles; elle fera palpiter tous les nobles cœurs, élèvera les sentiments, grandira les intelligences, et, d'échos en échos, électrisera le monde.

Ne laissez pas supposer que les mouvements généreux, les grandes aspirations des peuples, des poètes, des écrivains et de tous les hommes de génie, se produisent autour de vous, sans vous émouvoir. Ayez pitié de vos frères, réveillez les sympathies publiques, et concourez avec elles pour mettre un terme à ce long supplice des misères et des haines qui, depuis des siècles, désole l'humanité. Voyez l'enfer social, cet abîme de douleurs, où se débat l'homme martyr. Réchauffez par votre enthousiasme ces cœurs attiédis, glacés par l'indifférence et l'inertie; faites rayonner, dans les ténèbres de notre civilisation bâtarde, cette lumière si vivifiante, si pure et si splendide que rêve l'imagination de l'Artiste, quand son génie enfante les délices de l'âge d'or et les splendeurs des jouissances célestes.

A l'œuvre donc, Artistes de tous les genres, peintres, sculpteurs, architectes, musiciens, poètes, littérateurs, graveurs, dessinateurs, et vous qui chaque jour nous rendez vivants sur la scène les chefs-d'œuvre de la musique et de la poésie, réunissez-vous tous comme en faisceau, formez une vaste et puissante association artistique, qui étende ses rameaux fécondateurs, non seulement sur tout le

sol français, mais même chez les autres nations de l'Europe, que
la même aspiration pousse vers le même avenir.

Allons, peuple de Génies, embrasez-vous de ce feu sacré que les
âmes d'élite soufflent aux masses, comme par un courant électrique.
Laissez-là toutes vos mesquines rivalités, vos débats d'école et vos
chicanes sur la prééminence de maîtres immobiles, et méprisez
toutes ces puérilités, qui vous feraient rétrograder vers les ténèbres
du passé. En avant donc ! travaillez pour l'abolition de la misère,
pour le bonheur et la paix du monde ; travaillez pour l'avenir ,
chantez pour les pauvres et les affligés, pleurez sur les malheurs
de la guerre impie, inspirez-vous à la source sainte du dévouement
et de la fraternité. Nourrissez vos cœurs de l'ambroisie céleste,
exaltez-vous en nobles désirs, en inspirations sublimes, et vous serez sans rivaux dans l'estime du monde. Votre nom grandira au
milieu de l'auréole de gloire que l'humanité vous destine ; vous
obtiendrez, n'en doutez pas, l'admiration, l'enthousiasme, le res-
pect de tous, et surtout les sympathies de la femme, de ce sexe
aux sentiments doux, nobles et dévoués, dont la religion de l'a-
mour et de la poésie a choisi le cœur pour sanctuaire, de ce sexe à
l'âme tendre et sensible, que l'on trouve partout où il y a une
larme à essuyer, une souffrance à calmer, une amertume à adoucir,
un baume à répandre sur une plaie, une grande et généreuse ac-
tion à accomplir. Vous serez sympathiques à tous les cœurs d'élite
et bénis du peuple immense des pauvres, dont vous aurez allégé
la souffrance et hâté l'émancipation.

Et vous, femmes héroïques, magiques étoiles du monde nouveau,
vous dont le cœur est l'écho fidèle du cœur ulcéré de l'Artiste,
vous qui partagez avec lui la magnanimité du pardon, comme la
fierté de la souffrance, vous dont la double convoitise du sensua-
lisme et de la cupidité a depuis longtemps fait un objet d'exploita-
tion, secondez nos efforts ; car l'initiative de votre impulsion a
seule la puissance de secouer cette léthargie funeste qui, enchaî-
nant les hommes dans la torpeur de l'indifférence, ferme leur âme
aux grandes aspirations.

Rappelez-vous Jeanne d'Arc et Jeanne Hachette, héroïnes
célèbres , dont le courage et le noble dévouement ont enfanté

des prodiges pour la délivrance et la liberté des peuples.

Réveillez ces hommes plein de force, doués des plus riches facultés ; ne les laissez pas s'énerver, se blaser dans l'oisiveté et l'oubli de leur gloire. Secondez aussi ces masses de travailleurs, dont la dureté et la continuité des labeurs débilitent chaque jour les facultés morales, comme les forces physiques. Ceux-ci s'étiolent et se démoralisent sous l'étreinte des privations les plus dures ; ceux-là s'effacent et s'annihilent par le sentiment même de leur nullité.

Au sein des peuples encore plongés dans les ténèbres de l'erreur, vous tous qui avez la conscience instinctive du grand œuvre de rénovation qui s'élabore, soyez les précurseurs de la rédemption moderne, soyez le phare lumineux qui doit montrer la voie nouvelle des heureuses destinées du genre humain.

Symboles de lumière, de foi et d'avenir, comme la colonne de feu qui guidait le peuple d'Israël, dirigez vers la terre promise les pas de l'humanité, engagée dans les sables arides du désert. Secondés dans vos nobles efforts par les progrès de l'industrie, par les grandes conquêtes modernes, par la rapidité des communications entre les peuples, par la vapeur, l'électricité et toutes les découvertes des sciences contemporaines, mieux que les Titans de la fable, vous subjuguerez la nature, vous vaincrez le temps et l'espace, vous aplanirez les obstacles et franchirez les barrières qui s'opposent à l'union des peuples. L'Art multipliant chaque jour de plus en plus ses hardis et gigantesques travaux, les fleuves, couverts de ponts, les montagnes, sillonnées de galeries souterraines, n'intercepteront plus le courant électrique de vos idées régénératrices ; et, au premier souffle réparateur qui viendra rasséréner l'atmosphère, au premier tourbillon qui balaiera les hochets du privilége, on verra l'unité, la fédération de tous les peuples du monde prendre tout d'un coup l'aspect et les proportions d'une fête, immense comme le spectacle de la nature sur le théâtre de l'univers, accueilli par l'enthousiasme et les acclamations du genre humain.

La terre alors ne sera plus un lieu d'exil, une vallée de larmes, où les peuples, condamnés à la privation et à la douleur, ne peuvent secouer les chaînes du vasselage, ni relever de la poussière leurs têtes, courbées sous le poids de l'humiliation et de l'abrutissement.

Non, l'Etre suprême, le Dieu juste, le Dieu grand, le Dieu bon, qui dirige les mondes dans une aussi parfaite harmonie, ne nous a point irrévocablement destinés à la souffrance et au désespoir, dans ce cercle de persécutions toujours renaissantes, dans ce gouffre de tortures et d'avilissement, dans ce chaos d'injustice, de fourberies et de carnage. Les hommes seuls sont coupables, eux seuls ont créé cet enfer de toutes les souffrances, de toutes les iniquités; et ce serait un blasphème impie que d'en accuser la Providence.

Mais rassurez-vous, enfants de la douleur, essuyez vos larmes, et que, par une heureuse réaction, le spectacle même de tous ces maux ouvre votre âme aux douces rêveries d'un avenir réparateur: car le prophète a dit: « *On fera des socs de charrues avec les glaives, et des bêches, avec le fer des lances.* » Déjà le ciel rayonne d'espérance, et l'heure de la résurrection et de la justice va sonner pour les faibles et les déshérités.

Le Christ a dit aussi : « *Celui qui frappera avec l'épée périra par l'épée.* » Quant à vous, Artistes, laissez les oppresseurs de la liberté s'armer contre elle du glaive dont maintes fois ils ont vu la pointe se retourner contre eux-mêmes; mais, par la grandeur de vos conceptions artistiques, frappez les masses d'enthousiasme, et l'enthousiasme des masses vous fera enfanter de nouveaux chefs-d'œuvre.

Par l'harmonie de vos concerts, le charme de vos spectacles, la beauté de vos tableaux, la majestueuse grandeur de vos édifices, faites la propagande du cœur et de l'intelligence; et bientôt ceux-là même qui d'abord auront pris en pitié l'essor de votre génie et la noble audace de votre entreprise, se joindront instinctivement à vos fêtes, et ne formeront plus avec vous qu'un même peuple, qu'une même famille de frères.

C'est donc à vous, Artistes, à inoculer aux masses le goût des arts, le culte de tout ce qui est beau et grand, de tout ce qui ennoblit le cœur, élève l'âme et développe les facultés de l'intelligence. Alors le peuple, réhabilité, d'un côté, par la conscience de sa propre dignité, garanti, de l'autre, contre les criminelles suggestions de la faim et du désespoir, deviendra plus calme, plus laborieux et plus moral ; les crimes deviendront plus rares, les rôles des cours d'assises moins chargés, les prisons et les bagnes moins encombrés, les routes plus sûres, la vie et la propriété des citoyens moins exposées. A la haine, à la vengeance, aux sourdes manœuvres de l'égoïsme et de l'esprit de parti, succèderont l'enthousiasme, la cordialité, l'admiration, le contentement du cœur, le repos de l'âme, et, plus heureux qu'Archimède, avec un pareil levier, vous soulèverez le monde.

Descendez donc de vos sphères idéales ; il est temps que vous veniez, vous aussi, combattre dans l'arène, où tous les éléments du vieux monde qui s'écroule, luttent corps à corps avec ceux de la nouvelle société qui se fonde.

En attendant que vous puissiez organiser vos phalanges et vos légions, formez un premier noyau d'astistes de toutes professions. Nouveaux apôtres, pleins de foi et de dévouement, vous serez les vrais missionnaires de l'avenir. Bientôt vous serez assez nombreux pour former le premier *Aristère*, qui, aujourd'hui, simple lieu de réunion littéraire et artistique, sera demain un monument, et plus tard l'un des édifices les plus majestueux et les plus gigantesques de l'architecture nouvelle.

Les Artistères seront de vastes et magnifiques palais, où viendront converger, comme à leur centre commun, toutes les branches des arts, des sciences et de l'industrie ; en un mot, toutes les conceptions de l'intelligence, tous les éléments de l'activité, tous les produits du génie de l'homme.

Il y aura des Artistères de trois degrés. Ceux du premier degré seront composés d'abord d'une magnifique salle de spectacle, disposée en amphithéâtre, dans le genre du cirque antique, pouvant servir à tous les genres de représentations, et assez spacieuse pour contenir de cinq à six mille spectateurs, parfaitement à l'aise, dans autant de stalles numérotées. Les billets d'entrée, portant chacun le numéro d'une stalle, pourront être pris à toute heure du jour. Par ce moyen, chacun pourra à l'avance choisir sa place sans augmentation de prix, et le public ne sera plus exposé aux intempéries de la saison, au froid, à la pluie, au vent, à la neige, aux rhumes et aux maladies de poitrine, pour ce faible plaisir qu'il paie aujourd'hui si cher. Le lustre du milieu, qui offusque la vue d'une grande partie des spectateurs, sera supprimé ; et la salle, parfaitement éclairée d'en haut, le jour, par la lumière du soleil, et la nuit, par l'éclat sidéral d'un phare électrique, sera également propre aux fêtes diurnes et nocturnes. On trouvera ensuite, dans l'Artistère du premier degré, une superbe salle de concerts en parfaite harmonie avec les principes de l'acoustique, de vastes foyers et un jardin d'hiver pour les banquets, les bals et les fêtes de tout genre. De magnifiques galeries, garnies de fleurs, comme les serres les plus riches, décorées de tous les produits de l'Art, offriront aux Artistes d'admirables expositions permanentes pour les tableaux, les statues et les objets d'art de toute espèce. Viendront ensuite les ateliers du travail intellectuel et artistique, des bazars pour l'exposition et la vente de toutes vos œuvres, et enfin le siége de l'administration artistérienne. Dans les Artistères du troisième degré, et notamment dans l'Artistère central, il devra y avoir une salle somptueuse pour chaque catégorie artistique. Ces salles seront liées entre elles par une architecture variée et en harmonie avec l'ensemble de l'édifice. Le siége de l'administration devra renfermer une bibliothèque artistique et tous les objets nécessaires aux études des Artistes, selon le degré d'importance de l'Artistère. Les Artistères du second degré tiendront le milieu entre ceux du premier et du troisième degré. Dans l'enceinte du palais artistérien, un local sera réservé pour être le siége et le centre de l'administration générale, qui aura une succursale dans chaque arrondissement de la ville de Paris, dans chaque département de la France, et même à l'étranger, aussitôt que l'association aura pu y faire des conquêtes.

Qui peut calculer la force d'impulsion que ce système de propagande artistique donnera à la vie des peuples ? Que l'on se figure l'enthousiasme électrique que produira la vue de ces grands Artistères, enrichis de tous les produits de l'Art : tableaux, statues, bas-reliefs, arabesques, peintures murales, sculptures, fruit du génie de toutes nos célébrités artistiques ? Et, si les Artistes travaillent pour le peuple, le peuple, qui est d'une nature généreuse, saura bien, à son tour, les récompenser de leurs efforts, en venant, par sa présence, imprimer le cachet de son approbation et de ses sympathies à leurs fêtes, à leurs concerts et à leurs spectacles, dont le prix sera toujours à la portée de toutes les bourses.

Fécondé par la sympathie populaire, le champ des Arts produira des merveilles jusqu'à ce jour inconnues, l'essor du génie artistique se développera, immense comme le monde, qu'il doit embellir de ses œuvres, et les masses, appelées à venir chaque jour dans vos Artistères, puiser, comme à leur source, de nouvelles inspirations, seront bientôt moralisées, passionnées pour le beau et le juste, remplies d'enthousiasme pour les grands travaux de l'avenir et disposées à franchir d'un pas rapide l'intervalle qui nous sépare encore de l'établissement des institutions sociales, qui fonderont le règne de l'harmonie et rempliront le but de la Providence et de l'humanité.

Courage donc, vous tous, Artistes, dont l'âme généreuse et grande comprend la noble mission des apôtres de notre époque ; à l'œuvre, car le temps presse, si vous voulez vous soustraire et soustraire vos frères souffrants au joug humiliant de l'aristocratie de l'or et du privilége. On a dit trop souvent que le régime monarchique féconde les Arts, tandis que le régime républicain les tue. Dans un siècle éclairé de la science sociale, c'est le contraire qui est la vérité. Autant une nation est au-dessus d'un individu, d'une famille, ou d'une coterie, autant les inspirations nationales prévaudront sur les inspirations dynastiques, Que sera-ce donc si, au lieu de se restreindre aux idées de nationalité, l'Artiste, franchissant les limites de son pays, va puiser le feu de ses inspirations dans l'amour de l'humanité tout entière? L'orgueil du rang, le prestige du pouvoir et de la richesse, l'empire de la finance et de l'agiotage, qui, sous le dernier gouvernement surtout, et aujourd'hui encore, semblent tenir les rênes du char social, ne sauraient comprendre la noblesse et l'élévation de cet élan de nationalité, et encore moins la poétique religion des aspirations humanitaires. Mais faut-il fermer les yeux, parce qu'on nie la lumière, demeurer stationnaire, parce qu'on nie le progrès? Un sage de l'antiquité marcha en présence d'un fou, qui lui niait le mouvement. Ce fut toute sa réponse : qu'elle soit la vôtre. Marchez donc, marchez toujours, et les rétro-

grades, qui sans cesse vous crient : *Arrêtez !* finiront bientôt par
se joindre à vous et marcher à votre suite.

Ayez la foi, et vous transporterez les montagnes.

N. B. *Notre* Appel aux Artistes *serait insuffisant, si nous ne
le faisions suivre de* l'Exposition d'un projet de fondation d'une
Société artistérienne et d'un plan approximatif d'un Artistère du
premier degré. *Nous publierons incessamment ce travail, que
nous complèterons plus tard par une nouvelle brochure, qui
aura pour titre :* Paris et le Socialisme, ou la Nouvelle Jéru-
salem d'Occident, plan et description d'un nouveau Paris, en-
visagé sous le rapport de son organisation politique, artistique et
industrielle, de son importance future en Europe et des avantages
de sa position géographique sur le globe.

Imprimerie Lange Lévy, 16, rue du Croissant.